www.tredition.de

Abualwafa Mohammed

Imame predigen Interkulturalität

Zur Schlüsselrolle der Imame für die interkulturelle Kompetenz von Muslimen

www.tredition.de

© 2018 Abualwafa Mohammed

Verlag und Druck: tredition GmbH, Hamburg

ISBN
Paperback: 978-3-7482-1207-2
e-Book: 978-3-7482-1209-6

Das Werk, einschließlich seiner Teile, ist urheberrechtlich geschützt. Jede Verwertung ist ohne Zustimmung des Verlages und des Autors unzulässig. Dies gilt insbesondere für die elektronische oder sonstige Vervielfältigung, Übersetzung, Verbreitung und öffentliche Zugänglichmachung.

Inhaltsverzeichnis

Vorwort 7

1. **Einleitung** 10
1.1. Islam in Österreich – zum Kontext des Forschungsanliegens 10
1.2. Methode und Erkenntnisinteresse 13
1.3. Wer ist ein Imam? – Zum Begriff 15
1.4. Was ist Interkulturalität? 17

2. **Islam und Interkulturalität – theologische Grundlagen und islamwissenschaftliche Debatte der Gegenwart** 20
2.1. Koranische Grundlagen 20
2.2. Muhammad als Imam und Vorbild aller Imame – zur interkulturellen Kompetenz des Propheten 22
2.2.1. Die Charta in Medina 24
2.2.2. Der Prophet als Vorbild für seine Mitbürger 27
2.2.3. Die Abschiedspredigt 27
2.3. Interkulturalität in der Geschichte des Islam 28
2.4. Islam in Europa – Euro-Islam? 30
2.5. EXKURS: Beispiel „Europäische Charta der Muslime" ... 31

3. **Empirischer Teil – Experteninterviews** 33
3.1. Forschungsdesign und Auswahl der ProbandInnen 33
3.2. Fragebögen 35
3.3. Reflexion und Ergebnisse 38

4. **Imam als Träger und Vermittler interkultureller Kompetenz – zwischen Anspruch und Wirklichkeit** 39
4.1. Imame in Österreich (Imam oder Mufti) 39
4.2. Rolle und Aufgaben des Imams im Bereich Interkulturalität (Berücksichtigung der Befragungsergebnisse) 40
4.3. Die Freitagspredigt zur Verbreitung interkulturellen Bewusstseins 41

5. **Wege zur Interkulturalität - Ausblick, Thesen und Strategien** 43

| 5.1. | Interreligiöser Dialog | 43 |
| 5.2. | Maßnahmenkatalog und Thesen | 45 |

6. Anhang: Eindrücke aus interreligösen und interkulturellen Begegnungen **47**

7. Quellenangaben **49**

8. literaturverzeichnis **52**

Vorwort

Der Islam zählt zu den Religionen Europas, wie Judentum und Christentum auch. Alle diese drei Religionen sind aus dem Orient nach Europa gekommen, beeinflussten und beeinflussen die europäische Geschichte. Die Wahrnehmung dieser wechselseitigen Beziehungen ist wesentlich für Verständnis und Respekt. Der Islam war und ist Teil der europäischen Kultur und Geschichte, ein Faktum, das mittlerweile auch in Wissenschaft und Literatur anerkannt ist. Das Erkennen dieser Tatsache und ein gewisses aufgeschlossenes Grundinteresse an „Religion" und „Kultur" im Allgemeinen sind gute Voraussetzungen für das Gelingen eines interreligiösen und -kulturellen Dialogs. Das ist das zentrale Bestreben des vorliegenden ersten Bandes einer geplanten Publikationsreihe zu Imamen, Islam, Europa und besserer Verständigung entlang von Interkulturalität und Interreligiosität, Begriffen, die auch Teil meiner eigenen Biographie sind.

In meinem Geburtsland Ägypten erhielt ich eine theologische azharitische Ausbildung und erwarb den Titel eines „Hafiz" (auswendige Beherrschung des Korans). Nach meiner Übersiedelung nach Österreich Ende 2006 ließ ich mir mein theologisches Studium nach österreichischem Recht anerkennen und qualifizierte mich in islamischer Religionspädagogik weiter.

An der Universität Salzburg erwarb ich in der Folge ein Diplom der Interkulturellen Kompetenz im Bereich von Lehr- und Kulturberufen sowie einen Master of Arts in Intercultural Studies. Außerdem wirkte ich als Imam in zahlreichen Gemeinden im Sinne der Integration und des interreligiösen Verständnisses. Auch als Religionslehrer gestaltete ich seit 2012 einige Projekte der Aufklärung sowie zahlreiche religionsübergreifende Unterrichts- und Schulprojekte.

Die dabei gewonnenen Erfahrungen bilden die Ausgangslage der vorliegenden Broschüre, die im Wesentlichen die Ergebnisse der Masterarbeit an der Universität Salzburg in Intercultural Studies zusammenfasst.

Um für den vorliegenden Zweck geeignet zu sein, wurde die ursprüngliche Arbeit aus dem Jahr 2010 bearbeitet, aktualisiert und um einige Inhalte ergänzt. Ausgehend von der Zentralität der Imame für das Leben, die Glaubenspraxis und das Bewusstsein muslimischer Gemeinden in Österreich setzt die Arbeit bei der Multiplikatorenfunktion der Vorbeter für Anliegen der Interkulturalität sowohl in die Gemeinden als auch in die Mehrheitsgesellschaft an. Die Bedeutsamkeit der Imame für das islamische Leben in Europa, die interkulturellen und interreligiösen Beziehungen sowie die Gestaltung eines friedlichen und produktiven Miteinander lässt sich kaum überschätzen. Andererseits darf das auch nicht darüber hinwegtäuschen, wie sehr mitunter die Realität der Imame dem hinterherhinkt.

Das Kernanliegen meines Forschungsbemühens ist daher darin zu sehen, der österreichischen Gesellschaft, den muslimischen Gemeinden, den Vertretern der Religionen und den Imamen selbst die Bedeutung der Imame-Bildung in Interkulturalität bewusst zu machen und gleichzeitig – aufbauend auf lebensnahen und empirischen Befunden – Maßnahmen vorzuschlagen und zu präsentieren, wie diese Rollenübernahme durch die Imame bestmöglich stattfinden kann.

Der Anlass für die Publikation einer akademischen Arbeit aus dem Jahr 2010 ist, das Startsignal für eine Publikationsreihe zu Funktion, Bedeutung und Bewusstsein islamischer Vorbeter und Prediger (Imame) aus theologischer und gesellschaftlicher Perspektive zu setzen.

Gleichzeitig soll eine Auseinandersetzung mit islamischen Fragen im Kontext Islam und Europa, europäischer Islam und islamische Perspektiven für die Zukunft stattfinden.

Abualwafa Mohammed, Wien 2018

1. Einleitung

1.1. Islam in Österreich – zum Kontext des Forschungsanliegens

Der Islam hat in Österreich eine europaweite Sonderstellung auf der Grundlage der geschichtlichen Entwicklung. Denn schon 1912 wurde mit dem „Islam-Gesetz" der Islam als Religionsgemeinschaft anerkannt,* was mit einigen Privilegien, wie beispielsweise dem Einsatz von Militärgeistlichen verbunden war. Diese besondere Stellung des Islam ergab sich aus der Annexion Bosnien-Herzegowinas durch die österreichisch-ungarische Monarchie und der damit verbundenen Eingliederung von etwa 600.000 Muslimen in das österreichisch-ungarische Staatswesen. Nach dem Zerfall der Monarchie kamen erst wieder in den 60er und 70er Jahren der Zweiten Republik vermehrt Muslime als sogenannte „GastarbeiterInnen" nach Österreich.[1] Seitdem stieg der Anteil an BewohnerInnen muslimischen Glaubens in Österreich stetig an. Waren es bei der Volkszählung 1981 noch 1% der Bevölkerung, so ergab die letzte Volkszählung 2001 einen Anteil von 4,2%. Von den 338.988 gezählten Muslimen besaßen 16.052 Personen die österreichische Staatsbürgerschaft.† Die meisten Muslime mit rund 125.000 Personen stammten aus der Türkei.[2] Nach der Gründung des „Moslemischen Sozialdienstes" folgte 1979 schließlich die Anerkennung der „Islamischen Glaubensgemeinschaft in Österreich (IGGÖ)" als öffentlich rechtliche

---

* Dieses Gesetz wurde als neues Islamgesetz im Jahr 2015 novelliert und im Nationalrat beschlossen, womit für die Muslime einige Rechte aber auch zusätzliche Pflichten und Einschränkungen einherkamen, was in großen Teilen der muslimischen Community für Aufsehen und anhaltende Debatten sorgte.

* Laut dem Statistik-Portal *statista* beläuft sich die Zahl der Muslime im Jahr 2016 auf schätzungsweise 700.000[34] und somit 8% der österr. Bevölkerung, die gleiche Anzahl gab der Österreichische Integrationsfonds für das Jahr 2017 an[35].

Körperschaft, deren RepräsentantInnen offizielle Ansprechpartner für Behörden, Politik und Medien wurden.[3]

> „Nach Art. 1 Abs. 5 [sic!][4] der Verfassung der IGGiÖ gehören ihr alle Muslime und Musliminnen (ohne Unterschied des Geschlechts, der ethnischen Herkunft, der Rechtsschule und der Nationalität) an, welche in der Republik Österreich ihren Hauptwohnsitz haben.
>
> Neben der IGGiÖ existieren jedoch auch zahlreiche andere islamische religiöse Vereinigungen, die zumeist als Vereine nach dem Vereinsgesetz Rechtspersönlichkeit erlangt haben. Einige dieser muslimischen Selbstorganisationen agieren weitgehend unabhängig von der IGGiÖ. Sie können sich in der Regel auf Art. 9 EMRK zum Schutz ihrer korporativen Religionsfreiheit berufen. Viele dieser islamischen Selbstorganisationen sind stark nach der ethnischen respektive nationalen Herkunft ihrer Mitglieder ausgerichtet, leisten allerdings gleichzeitig einen wichtigen Beitrag zum Glaubensvollzug, da die meisten der religiösen Handlungen auf Ebene der ihnen angehörenden Moscheevereine stattfinden."[5]

Dieser Auszug aus einer Publikation des Österreichischen Integrationsfonds zum „Islam in Österreich" mag andeuten, dass die Frage der Vertretung und Repräsentation der Muslime in Österreich eine nicht ganz einfache ist. Neben den verschiedenen Glaubensrichtungen innerhalb dessen, was von der nicht-muslimischen Mehrheitsgesellschaft als Islam rezipiert wird, gibt es auch durchaus Differenzen zwischen Muslimen unterschiedlicher Kulturen bzw. kultureller Herkunft. Zu Beginn dieses Jahrhunderts waren über 200 Moscheegemeinden bzw. islamische Vereine in Österreich registriert[6].

Daran lässt sich erkennen, wie unterschiedlich Herkunft, Ausbildung und Praxis der in Österreich tätigen Imame sind. Zum anderen wird durch die fehlende Hierarchie innerhalb der rechtlich anerkannten Religionsgemeinschaft deutlich, dass die Rolle des Imams für den einzelnen Gläubigen in dem jeweiligen unmittelbaren Kontext der Ausübung seines Glaubens, etwa durch den Besuch der Freitagspredigt in einem dieser sehr unterschiedlichen Vereine, eine zentrale sein kann.

> „Der sunnitische Islam kennt traditionell keinen Klerus. Letztlich ist es der einzelne Gläubige, der als solcher Gott unterworfen ist. Rechts- und Religionsgelehrte treten nicht, wie im Christentum, als Vermittler zwischen Gläubige und Gott und sie sind auch nicht in eine starre Hierarchie eingebunden, geschweige denn unfehlbar."[7]

Es gibt in wichtigen Bereichen aber auch einheitliche Strukturen, die aus dem rechtlichen Status der Glaubensgemeinschaft resultieren, zum Beispiel im Bildungsbereich. Der islamische Religionsunterricht an öffentlichen Schulen beruht auf einheitlichen staatlich approbierten Lehrplänen und wird in deutscher Sprache gehalten.[8] Die Ausbildung der ReligionslehrerInnen ist durch ein Basisstudium am privaten Studiengang für das Lehramt für Islamische Religion an Pflichtschulen (IRPA)[*] bzw. einen Masterstudiengang für Islamische Religionspädagogik an den Universitäten Wien und Innsbruck gewährleistet, ihre Zuteilung erfolgt durch das Schulamt der islamischen Glaubensgemeinschaft. Mittlerweile wurde zudem ein Institut für islamisch-theologische Studien an der Universität Wien eingerichtet, was eine große Errungenschaft bedeutet.

Neben den ReligionslehrerInnen kommt den Imamen in den lokalen Moscheevereinen eine besondere Rolle für die Bildung der religiösen Identität in Österreich lebender Muslime zu. Die Gruppe der Imame und ihre jeweils konkreten Tätigkeiten im Glaubensalltag sind allerdings viel heterogener: Sie sprechen und predigen in unterschiedlichen Sprachen in ganz unterschiedlichen Vereinen und Organisationen mit unterschiedlichen Zielen, sind in verschiedenen Ländern und damit Kulturen aufgewachsen, haben unterschiedliche Ausbildungen genossen und bringen ihre jeweils eigene Migrationsgeschichte und die damit verbundene Beziehung zur Mehrheitsgesellschaft in ihre Tätigkeit

---

[*] Der mittlerweile in die Religionslehrerausbildung der Kirchlich Pädagogischen Hochschule (KPH) als Institut Islamische Religion integriert wurde.

als in Österreich tätige Imame mit. Das Potential für die Förderung interkultureller Verständigung, so meine Annahme und Motivation für die vorliegende Arbeit, könnte daher gerade an dieser Stelle besonders groß sein. Imame könnten als Multiplikatoren für die Idee der Interkulturalität fungieren. Und zwar in beide Richtungen: Als Vermittler interkultureller Kompetenz innerhalb muslimischer Gemeinden, als Repräsentanten des Islam und als Brückenbauer zur Mehrheitsbevölkerung. Dass dies notwendig ist, zeigen die Debatten und Entwicklungen der letzten Jahre, die ein Erstarken von anti-islamischen Ressentiments erkennen lassen*. Welche Möglichkeiten es gibt, die Rolle von Imamen als Vermittlern und Trägern interkultureller Kompetenz in die Gemeinde mit Leben zu füllen, soll idealerweise am Ende dieser Arbeit klarer sein.

1.2. Methode und Erkenntnisinteresse

Das Erkenntnisinteresse, das dem Forschungsanliegen zugrunde liegt, ist ein zweifaches: 1. Was ist die Tätigkeit von Imamen (in Österreich)? In welchem Fragenkomplex um „Islam in Europa" lässt sich diese Tätigkeit lokalisieren? Und welche Fragen und Herausforderungen stellen sich in diesem Praxisfeld? 2. Daran schließt sich der Versuch an, zu verbindlichen Antworten zu gelangen, die Empfehlungen für die Praxis beinhalten, oder zumindest ein Spektrum begründeter Handlungsoptionen für das Anwendungsfeld zu bieten.

---

* Beispiele: Konflikte bei Moscheebauten, Terrorismus-Verdacht gegen muslimische MitbürgerInnen, die Debatte und das Gesetz um ein Burka-Verbot, politische Kampagnen mit Slogans wie „Daham statt Islam" u.v.m.
** Diese Liste hat sich nun im Jahr 2018 um einiges verlängert, so mussten wir schreckliche Terror-Attacken mitten in Europa erleben und der Extremismus hat neue Wellen geschlagen. Die entschiedene Position der Musliminnen und Muslime und ihre Verurteilung dieser Attentate sowie die geleistete Präventions- und Aufklärungsarbeit sind hierbei zu loben.

Die theoretische Untersuchung erfolgt anhand islamisch theologischer, islamwissenschaftlicher sowie kultur- und kommunikationswissenschaftlicher Literatur mit Blick auf die Anwendungsorientierung, die Verlängerung in daraus potentiell folgende Projekte der Interkulturalität sowie die Ausdifferenzierung des Forschungsanliegens in seine Teilaspekte für eventuelle weitere Forschungsvorhaben.

So ergibt sich folgende Gliederung der vorliegenden Arbeit: Nach einer einführenden Klärung der Begriffe *Imam* und *Interkulturalität* werden in Kapitel 2 die theologischen und islamwissenschaftlichen Grundlagen zur Forschungsfrage ausgeführt. Dabei führt der Bogen der Argumentation von zentralen Stellen im Koran über *Muhammad als Vorbild aller Imame* und *Interkulturalität in der Geschichte des Islam* zur aktuellen Debatte um eine Europäisierung des Islam.

In Kapitel 3 wird der Imam als möglicher Träger und Vermittler interkultureller Kompetenz besprochen. Neben der Erläuterung seiner Rollen und Aufgaben wird auch die Freitagspredigt als zentrale Tätigkeit des Imams im Hinblick auf ihr Potential der Förderung interkultureller Verständigung in einem eigenen Unterkapitel behandelt.

Im abschließenden Kapitel 4 soll es schließlich um die Anwendungsorientierung des Erarbeiteten gehen. Im letzten Teil des Kapitels werden schließlich zusammenfassende Thesen und ein Maßnahmenkatalog zur Forschungsfrage präsentiert, die basierend auf den vorangegangenen Ausführungen Perspektiven sowohl für die Praxis als auch für weitere Forschungsvorhaben bieten wollen.

1.3. Wer ist ein Imam? – Zum Begriff

Etymologie: In arabischen Lexika wird das Wort *Imam* vom arabischen Wort *amām* abgeleitet, das *vorne* bedeutet.

In der arabischen Sprache ist der Imam demnach einer, der eine Gruppe führt, unabhängig davon, ob er sie auf einem guten oder fehlgehenden Weg leitet. Gott sagte im Koran:

﴿يَوْمَ نَدْعُو كُلَّ أُنَاسٍ بِإِمَامِهِمْ ۖ فَمَنْ أُوتِيَ كِتَابَهُ بِيَمِينِهِ فَأُولَٰئِكَ يَقْرَءُونَ كِتَابَهُمْ وَلَا يُظْلَمُونَ فَتِيلًا﴾ ﴿الإسراء ١٧﴾

> „(Erinnere an) den Tag, wenn WIR jede Menschengruppe mit ihrem Imam rufen. Wem sein Register in seine Rechte überreicht wird, diese lesen ihr Register und ihnen wird keinerlei Unrecht zugefügt." (Koran 17:71)[*]

Als fachspezifischer Begriff in der islamischen Theologie wird Imam in verschiedenen Bedeutungen verwendet:

a) Für das Staatsoberhaupt (Präsident, Kanzler, König, Fürst und dergleichen) wird der Terminus benützt, weil er jemand ist, der einem Gemeinwesen vorsteht. Der Prophet zählt den guten Herrscher zu jenen, die am Tag der Auferstehung im Schatten Gottes geschützt sind.

Der Prophet Muhammad (Allahs Segen und Friede seien auf ihm) sagte: „Sieben wird Allah am Tage, an dem es keinen anderen Schatten außer Seinem Schatten geben wird, mit Seinem Schatten beschirmen. Diese sind: Das gerechte Oberhaupt (arab. *imām*); ein junger Mann, der im Dienste Allahs des Erhabenen aufgewachsen ist; ein Mann, dessen Herz an den Moscheen hing; zwei Männer, die ei-

---

[*] Die Zitate aus dem Koran werden in der vorliegenden Arbeit folgendermaßen belegt: (Koran Sure: Vers).

nander um Allahs Willen liebten, und die deswegen zusammengekommen sind und sich in diesem Sinne verabschiedeten; ein Mann, den eine schöne Frau von vornehmer Abstammung verführen wollte, und er zu ihr sagte: ‚Ich fürchte Allah'; ein Mensch, der im Geheimen so spendete, dass seine linke Hand nicht erfuhr, was seine rechte Hand gegeben hatte; ein Mensch, der Allahs gedachte, während er alleine war, und dem dann die Tränen kamen."[9]

b) Der Begriff wird für die Begründer der islamischen Rechtsschulen verwendet, da diese jenen vorstanden, wie für die vier sunnitischen Haupt-Imame: Imam Mālek, Imam al-Šāfiʿī, Imam Aḥmad b. Ḥanbal und Imam Abū Ḥanīfa.

c) Bei den schiitischen Richtungen spielt der Imam als geistlich-politischer Anführer eine entscheidende Rolle innerhalb der unterschiedlichen Imamatslehren. Das zentrale Merkmal des Imams ist seine Abstammung von der Familie Muhammads und seine tendenziell vorhandene Überhöhung.

d) Die Vorbeter nannte man auch *Imame* und das ist die heute geläufige Bedeutung, die den Gegenstand der vorliegenden Arbeit bildet und jemanden bezeichnet, der beim gemeinschaftlichen Gebet vor der Gemeinde betet.

Im Prinzip darf jeder Muslim Vorbeter sein, auch jede Muslimin darf den Frauen vorbeten. Da das Gebet im Islam eine wichtige Rolle spielt und den Alltag eines Gläubigen bestimmt (fünfmal am Tag und in der Nacht; sofern möglich, in der Gemeinschaft), hat der Prophet festgelegt, wer es leiten soll oder darf:

روى مسلم (2373) عن أبي مسعود الأنصاري رضي الله عنه أن النبي صلى الله عليه وسلم قال: (يَؤُمُّ الْقَوْمَ أَقْرَؤُهُمْ لِكِتَابِ اللَّهِ، فَإِنْ كَانُوا فِي الْقِرَاءَةِ سَوَاءً فَأَعْلَمُهُمْ بِالسُّنَّةِ، فَإِنْ كَانُوا فِي السُّنَّةِ سَوَاءً فَأَقْدَمُهُمْ هِجْرَةً، فَإِنْ كَانُوا فِي الْهِجْرَةِ سَوَاءً فَأَقْدَمُهُمْ سِلْمًا وفي رواية فَأَكْبَرُهُمْ سِنًّا) .

Abū Masʿūd al-Anṣārī berichtete, dass der Prophet, Allahs Segen und Frieden seien auf ihm, sagte: Der den Koran am besten kennt, der soll das Gebet leiten. Falls mehrere das gleiche Niveau an Kenntnis des Koran haben, dann der, der mehr Wissen über die Sunna hat*. Falls sie in der Sunna auf dem gleichen Niveau sind, dann der, der früher von Mekka nach Medina wanderte. Falls dies auch gleich ist, dann derjenige, der älter ist.**

1.4. Was ist Interkulturalität?

Der Begriff Interkulturalität besteht aus zwei Teilen: INTER (dt. *zwischen*) und KULTUR. Was unter Kultur zu verstehen sei, ist reichlich umstritten – es gab und gibt viele Definitionen des Kulturbegriffs und dementsprechend kann keine Bedeutung Deutungshoheit beanspruchen und sollte besonders sorgsam geprüft werden.

Eine umfassende Definition des Kulturbegriffs unternimmt Hofstede, indem er zwischen „Software" (Werte und Praktiken) und „Hardware" (Gebäude, Ausstattung, Fahrzeuge…) einer Kultur differenziert, wobei Kultur selbst als die „kollektive Programmierung des Geistes, die die Mitglieder einer Gruppe oder Kategorie von Menschen voneinander unterscheidet"[10], beschrieben wird.

Auch vom Konzeptbegriff *Interkulturalität* gibt es verschiedene Bestimmungen, die folgende Arbeitsdefinition bildet aufgrund ihres Beziehungs- und Dialogcharakters die Grundlage im Rahmen der vorliegenden Arbeit:

> „Interkulturalität bezieht sich auf Kontakte zwischen Menschen, die unterschiedlichen, homogen gedachten Kulturen angehören. Dieses Konzept unterstellt, dass es in den zwischenmenschlichen ‚inter'-kulturellen Begegnungen Verständigungsprobleme und Konflikte gibt. Was für unsere Erfahrungen in der Regel zutrifft, aber nicht verallgemeinert werden sollte. – Wissenschaftliche For-

---

*Sunna bezeichnet die Aussagen und die Praxis des Propheten Muhammad.
**Übersetzung aus dem Arabischen: Abualwafa Mohammed.

schungen zu Interkulturalität unterstehen demzufolge dem gesellschaftlichen Alltag, das gegenseitige Verstehen zu verbessern und dadurch ein konfliktfreieres Zusammenleben zu ermöglichen."[11]

Tatsächlich tauchen im alltäglichen Kontakt zwischen Menschen verschiedener Kulturen oder Herkunft Konflikte und Verständigungsprobleme auf. Die Interkulturalität hat das Ziel, in der kulturellen Begegnung und Beziehung das gegenseitige Verständnis innerhalb einer Gesellschaft zu fördern und in der Folge konfliktfreies Leben zu ermöglichen.

„Interkulturelle Kompetenz nihiliert kulturelle Differenzen trotz aller Gemeinsamkeiten nicht, sondern baut stattdessen grundlegend auf diesen Differenzen auf. Es gilt der Versuchung einer oberflächlichen und zwanghaften Harmonisierung zu widerstehen."[12]

Das Konzept Interkulturalität und die ihr zugrundeliegende interkulturelle Kompetenz orientieren sich demnach an der Realität und bestehenden Differenzen, deren Erkenntnis zur Grundlage eines Verständigungsaufbaus und der Beziehungsgestaltung werden. Eine künstliche, oftmals rein äußerliche Harmonisierung wird nicht gutgeheißen.

Dabei geht es im Rahmen der vorliegenden Arbeit um die Tätigkeit einer für eine große gesellschaftliche Minderheit zur kulturell-religiösen Identitätsbildung wichtigen Berufsgruppe und die Frage nach den Potentialen für interkulturelle Verständigung in dieser Tätigkeit. Daran schließen sowohl Fragen der Identität des Einzelnen, des Selbst-, Fremd- und Metabildes einer gesellschaftlichen Gruppe als auch Überlegungen zu gesellschaftlichen Bedingungen von interkultureller Verständigung und interreligiösem Dialog an.

Mithin kann Interkulturalität zusammengefasst definiert werden als „der Name einer Theorie und Praxis, die sich mit dem historischen und gegenwärtigen Verhältnis aller Kulturen und der Menschen als ihrer Träger auf der Grundlage ihrer völligen Gleichwertigkeit beschäftigt.

Sie ist eine wissenschaftliche Disziplin, sofern sie diese Theorie und Praxis methodisch untersucht."[13]

Die Herausforderungen dabei sind eine differenzierte Wahrnehmung kultureller Identitäten, multidisziplinäre Zugänge zur Fragestellung und die „Übersetzung" anzustellender Überlegungen hin zu einer Anwendungsorientierung.

2. Islam und Interkulturalität – theologische Grundlagen und islamwissenschaftliche Debatte der Gegenwart

2.1. Koranische Grundlagen

Imame und Wissenschaftler, die sich mit Interkulturalität beschäftigen, werden im Koran, in der Praxis des Propheten und in der Geschichte des Islam zahlreiche Begründungen bzw. Belege finden, die zur Interkulturalität aufrufen und diese unterstützen. Freilich gibt es in der österreichischen Gesellschaft bezüglich einer komplexen interkulturellen Verständigung zwischen Muslimen und Nicht-Muslimen zahlreiche Kommunikationshindernisse in beide Richtungen. Primär soll jedoch in diesem Kapitel diese interkulturelle Verständigung von der der islamischen Theologie aus in den Blick genommen werden – als Erinnerung für viele Imame und Muslime und als Grundlage für andere, deren Perspektive besser nachvollziehen zu können.

Dazu lässt sich direkt folgender Koran-Vers anführen:

يَا أَيُّهَا النَّاسُ إِنَّا خَلَقْنَاكُم مِّن ذَكَرٍ وَأُنثَىٰ وَجَعَلْنَاكُمْ شُعُوبًا وَقَبَائِلَ لِتَعَارَفُوا ۚ إِنَّ أَكْرَمَكُمْ عِندَ اللَّهِ أَتْقَاكُمْ ۚ إِنَّ اللَّهَ عَلِيمٌ خَبِيرٌ ﴿الحجرات ١٣﴾

> *„O ihr Menschen, Wir haben euch von einem männlichen und einem weiblichen Wesen erschaffen, und Wir haben euch zu Völkern und Stämmen gemacht, damit ihr einander kennenlernt. Der Angesehenste von euch bei Gott, das ist der Gottesfürchtigste (bzw. der Frömmste) von euch".* (Koran 49:13)

Nach islamischer Sicht hat Allah alle Menschen aus der gleichen Substanz und als seine Sachwalter erschaffen, damit sie die Erde bewohnen und das Leben auf ihr genießen, unabhängig von ihrer Herkunft, Hautfarbe und dergleichen. Er hat die Menschen in Vielfalt geschaffen:

وَمِنْ آيَاتِهِ خَلْقُ السَّمَاوَاتِ وَالْأَرْضِ وَاخْتِلَافُ أَلْسِنَتِكُمْ وَأَلْوَانِكُمْ ۚ إِنَّ فِي ذَٰلِكَ لَآيَاتٍ لِّلْعَالِمِينَ ﴿الروم ٢٢﴾

„Und zu Seinen Zeichen (Ayat) gehört die Erschaffung der Himmel und der Erde und die Verschiedenheit eurer Sprachen und Farben. Darin sind gewiss Zeichen für die Wissenden." (Koran 30:22)

Die Vielfalt ist also ein Zeichen Gottes; er hat nicht alle Menschen mit gleichem Aussehen geschaffen. Es wird im Koran betont, dass diese Vielfalt von Gott gewollt ist. Die Unterschiede zwischen den Menschen sind genauso ein Zeichen wie die Erschaffung der Himmel und der Erde. Diese Verschiedenheit hat ihren Grund, nämlich sich kennenzulernen und miteinander friedliche Beziehungen aufzubauen. Manche Beispiele im Koran werden seit über 1400 Jahren gelesen und werden bis zum Tag der Auferstehung gelesen werden, damit wir darüber nachdenken. Im Koran steht weiters:

وَلَوْ شَاءَ رَبُّكَ لَجَعَلَ النَّاسَ أُمَّةً وَاحِدَةً ۖ وَلَا يَزَالُونَ مُخْتَلِفِينَ ﴿هود 118﴾

„Und wenn dein Herr gewollt hätte, hätte Er die Menschen zu einer einzigen Gemeinschaft gemacht. Sie bleiben aber uneins". (Koran 11:118)

وَلَوْ شَاءَ رَبُّكَ لَآمَنَ مَن فِي الْأَرْضِ كُلُّهُمْ جَمِيعًا ۚ أَفَأَنتَ تُكْرِهُ النَّاسَ حَتَّىٰ يَكُونُوا مُؤْمِنِينَ ﴿يونس 99﴾

„Und wenn dein Herr wollte, würden fürwahr alle auf der Erde zusammen gläubig werden. Willst du etwa die Menschen dazu zwingen, gläubig zu werden?" (Koran 10 :99)

Mit diesen Worten richtet sich der Koran an den Propheten und an alle, die sie vernehmen, dass man diese Vielfalt nicht ändern kann und es untersagt ist, den anderen, die andere Überzeugungen haben, einem anderen Weg folgen, eine Minderheit darstellen, ihre Rechte zu nehmen, ihre Freiheit zu beschränken oder sie zum Eigenen zu zwingen.

2.2. Muhammad als Imam und Vorbild aller Imame – zur interkulturellen Kompetenz des Propheten

Zur Zeit des Propheten hatte er die Funktion, als Imam das Gebet zu leiten, und erfüllte diese Funktion bis zu seinem Tod. Man findet in seiner Praxis und in seinen Aussagen viele Beispiele dazu. In der Stadt Medina entwickelte sich zudem ein Modell, anfangs für Multikulturalität und dann (in der Zeit des 2. Kalifen) für Interkulturalität – zu diesem Modell der Charta von Medina folgt noch eine ausführlichere Erklärung in diesem Kapitel.

Der Prophet Muhammad betonte in seinen Predigten immer wieder die Bedeutung von Dialog, Toleranz und Menschenrechten. Sein Ziel war die Einheit der Gesellschaft, in der alle miteinander in Frieden leben können. Dazu werden im Folgenden Erklärungen folgen und Ereignisse dargestellt, die manche Imame mitunter übersehen oder nicht richtig verstehen.

Der Koran fordert zu einem friedlichen Wettbewerb um das Gute auf:

وَأَنزَلْنَا إِلَيْكَ الْكِتَابَ بِالْحَقِّ مُصَدِّقًا لِّمَا بَيْنَ يَدَيْهِ مِنَ الْكِتَابِ وَمُهَيْمِنًا عَلَيْهِ ۖ فَاحْكُم بَيْنَهُم بِمَا أَنزَلَ اللَّهُ ۖ وَلَا تَتَّبِعْ أَهْوَاءَهُمْ عَمَّا جَاءَكَ مِنَ الْحَقِّ ۚ لِكُلٍّ جَعَلْنَا مِنكُمْ شِرْعَةً وَمِنْهَاجًا ۚ وَلَوْ شَاءَ اللَّهُ لَجَعَلَكُمْ أُمَّةً وَاحِدَةً وَلَٰكِن لِّيَبْلُوَكُمْ فِي مَا آتَاكُمْ ۖ فَاسْتَبِقُوا الْخَيْرَاتِ ۚ إِلَى اللَّهِ مَرْجِعُكُمْ جَمِيعًا فَيُنَبِّئُكُم بِمَا كُنتُمْ فِيهِ تَخْتَلِفُونَ

﴿النساء ٤٨﴾

> *„Und Wir haben zu dir das Buch mit der Wahrheit hinabgesandt, damit es bestätige, was vom Buch vor ihm vorhanden war, und alles, was darin steht, fest in der Hand habe. Urteile nun zwischen ihnen nach dem, was Gott herabgesandt hat, und folge nicht ihren Neigungen, damit du nicht von dem abweichst, was von der Wahrheit zu dir gekommen ist. Für jeden von euch haben Wir eine Richtung und einen Weg festgelegt. Und wenn Gott gewollt hätte, hätte Er euch zu einer einzigen Gemeinschaft gemacht. Doch will Er euch prüfen in dem, was Er euch hat zukommen lassen. So eilt zu den guten Dingen um die Wette. Zu Gott werdet ihr allesamt zurückkehren, dann wird Er euch das kundtun, worüber ihr uneins ward."* (Koran 5:48)

Barmherzigkeit und Hilfsbereitschaft gelten für alle Menschen, unabhängig von ihrer Religion oder Abstammung. Diesen Grundsatz vermittelte der Prophet seinen Gefährten mehrmals eindrucksvoll, wodurch auch den nachfolgenden Generationen ein Vorbild gegeben war.

Der Prophet Muhammad (Friede sei mit ihm) weinte und erhob sich, als eine Leiche von einem Juden vorbeigetragen wurde. Die Gefährten sagten zu ihm: „Oh Prophet Allahs! Es ist doch das Begräbnis eines Juden!" Er antwortete: „Ist das nicht eine Seele?"[14]

Dieser authentische Hadith handelt von der jedem Menschen zukommenden Menschenwürde, die unhintergehbar ist und deren Anerkenntnis die Grundlage aller islamischen Beziehungsgestaltung bildet.

In Medina bekämpfte der Prophet alle Arten des Rassismus. Eines Tages kam die Beschwerde eines schwarzen Afrikaners, der in der Medina lebte, vor ihn, dass ihn ein Einheimischer (Araber)[*] beschimpft und spöttisch bzw. abwertend gesagt hatte: „DU bist der Sohn einer Schwarzen!" Der Prophet fragte in diesem Fall nicht nach dem Grund, sondern bezeichnete die Aussage des Arabers als barbarisch und unwissend. Er schloss die grundsätzliche Aussage an: „Es sind eure Brüder." Daraufhin entschuldigte sich der Araber, indem er sein Gesicht auf den Boden legte und den Afrikaner bat, vor allen Menschen seinen Fuß auf seinen Kopf zu stellen. Der Afrikaner tat dies jedoch nicht, verzieh ihm stattdessen und die beiden umarmten sich weinend.

---

[*] Die dominierende Kultur und die Mehrheitsbevölkerung dort.

2.2.1. Die Charta in Medina

In den folgenden Ausführungen soll nun das multikulturelle Modell in Medina behandelt werden. Dieses regelte die Beziehungen zwischen den größten Gemeinden, der muslimischen, jüdischen und der polytheistischen.

Muslime und Juden bzw. Nicht-Gläubige bildeten in Medina ein gemeinsames Gemeinwesen. Die Beziehung der Muslime in Medina zu anderen Gesellschaftsgruppen ist ein interessantes Beispiel für das Thema der vorliegenden Arbeit. Um den gesellschaftlichen und politischen Frieden zwischen den Muslimen und den anderen Gemeinschaften zu stiften, zu wahren und zu sichern, handelte der Prophet Muhammad eine Vereinbarung zwischen allen Bewohnern Medinas aus und ließ diese schriftlich niederlegen.

Aus dieser bis heute erhaltenen sogenannten „Ṣaḥīfat al-Madīna" (dt. Charta von Medina) lässt sich eindeutig ableiten, dass dort eine Staatsform angestrebt wurde, die in etwa vergleichbar ist mit dem Rechtsstaatsmodell; eine Staatsform, nach der Menschen der verschiedensten Ethnien und Lebensweisen nach verbindlich vereinbarten Kriterien zusammenleben können. Das Konzept der „Charta von Medina" basiert auf einer schriftlichen Verfassung, garantiert allen Bürgern gewisse Grundrechte und sieht eine deutliche Gewaltentrennung vor. Unterschiede und Differenzen bleiben erhalten, sind sichtbar und werden gegenseitig anerkannt.

Paragraphen aus der Charta[15]:

> §2 Alle Gläubigen sind gleichgestellt, gleichberechtigt und gleichwertig.

§3 Die Juden von banī (Clan) ʿAauf bilden mit den Gläubigen eine Gemeinschaft (*umma*). Den Juden ihre Religion und den Muslimen ihre Religion…

§4 Die Juden von banī Nağār haben die gleichen Rechte wie die Juden von banī ʿAauf.

In den Paragraphen werden die gleichen Rechte für die Konfessionen und andere Gemeinschaften bestimmt[16]:

§15 Juden und Muslime beraten sich gegenseitig und geben sich aufrichtige Ratschläge. Der gute Charakter unterscheidet sich von dem, was man in seinem Inneren hegt und fürchtet, dass es bekannt wird.

§16 Derjenige, der fortzieht, ist genau so sicher, wie derjenige, der in Medina bleibt, außer derjenige, der Unrecht getan und sich sündhaft verhalten hat.

In diesen Paragraphen wird erklärt, dass jede Gruppe ihre Besonderheiten hat und innerhalb der Gruppe das Recht hat, ihren eigenen Regeln und Traditionen zu folgen. Besonders bemerkenswert an dieser Verfassung ist m. E., dass es auch die Zukunft der Neuankommenden, die in der Medina leben wollen, durch das Zugeständnis gleicher Rechte für alle Gruppen sichert. Diese Vielfalt entspricht einer multikulturellen Gesellschaft nach unserem heutigen Verständnis.

„In Übereinstimmung mit dem Prinzip der Religionsfreiheit hat daher der Prophet Mohammed in Medina eine vorbildliche Stadtverfassung aufgestellt, welche die friedliche Koexistenz der Religionen und folgerichtig die gleichen Menschenrechte für alle Stämme dieser Stadt garantieren soll. In dieser demokratischen Stadtverfassung, die vor mehr als 14 Jahrhunderten festgelegt wurde."[17]

Die Verfassung wurde ernstgenommen, umgesetzt und verteidigt. Dieses wichtige Beispiel aus der Geschichte zeigt, wie eine zunehmend dominierende Kultur die anderen Gruppen nicht gezwungen hat, ihre Traditionen aufzugeben und sich an ihre Mehrheitskultur zu assimilieren.

Der Prophet hat sich auch persönlich für die Rechte der Minderheiten eingesetzt. Er sagte: „Wer einen Ḏimmī unfair behandelt, dessen Gegner werde ich am Tag der Auferstehung sein."[18]

Ḏimmī ist derjenige, der in einer mehrheitlich muslimischen Gesellschaft lebt und einen gültigen Vertrag mit dem Staat hat (entsprechend dem heutigen Aufenthaltstitel oder Visum).

Hier kann die Frage gestellt werden, wie es um jene bestellt ist, die keinen Aufenthaltstitel haben (im heutigen Sprachgebrauch „Asylwerber")? Die Antwort findet sich ebenfalls in der Praxis des Propheten sowie auch im Koran.

In der Charta von Medina §34 heißt es: „Gottes Schutz ist ein einziger; gibt auch nur der geringste von ihnen einem Fremden Schutz bzw. Asyl, so ist dies für alle verpflichtend."

Und auch im Koran sagt Allah:

﴿وَإِنْ أَحَدٌ مِّنَ الْمُشْرِكِينَ اسْتَجَارَكَ فَأَجِرْهُ﴾ ﴿التوبة ١٦﴾

„*Und sollte einer von den Götzendienern dich um Asyl bitten, dann gewähre ihm Asyl [...]*" (Koran 9:16)

Hier geht es um die Spiegelbildlichkeit der Mensch-Mensch-Beziehung in der Mensch-Gott-Beziehung: Der Prophet Muhammad (Allahs Segen und Frieden seien auf ihm) sagte: „Wer sich der Menschen nicht erbarmt, dessen erbarmt sich Gott nicht."[19]

2.2.2. Der Prophet als Vorbild für seine Mitbürger

Der Prophet Muhammad (Allahs Segen und Frieden seien auf ihm) hatte in Medina einen nicht-muslimischen Nachbarn, der ihn nicht besonders mochte; der jüdische Nachbar warf den Müll jeden Morgen vor die Tür des Propheten, der ihn dafür weder beschimpfte noch tadelte. Eines Tages fand der Prophet keinen Müll vor seiner Tür. Als er nach dem Grund fragte, erfuhr er, dass sein Nachbar krank war. Er besuchte ihn und fragte ihn lächelnd nach dem Müll. Von diesem Moment an wurden sie gute Freunde.

2.2.3. Die Abschiedspredigt

Auch in der Abschiedspredigt vor seinem Tod betonte der Prophet das Thema Multikulturalität und Toleranz. In dieser Predigt wollte er besonders Themen ansprechen, die die Gläubigen und die Menschen nicht vergessen sollten.

> „Fürwahr, euer Herr ist ein Einziger, und ihr stammt alle von einem Urvater ab. Ein Araber hat keinen Vorzug vor einem Nichtaraber, und ein Nichtaraber hat keinen Vorzug vor einem Araber, noch ist ein Weißer besser als ein Schwarzer oder ein Schwarzer besser als ein Weißer, außer durch Gottesfürchtigkeit."[20]

Der oben zitierte Auszug macht deutlich, wie der Prophet Muhammad (Allahs Segen und Frieden seien auf ihm) die Vielfalt der Menschen in Gleichheit vor Allah vereint sieht.

Die in diesem Kapitel erwähnten Beispiele können als theologische Begründung für Imame in Sachen Interkulturalität gelten: Verse aus dem Koran und die Aussagen bzw. die Praxis des Propheten Muhammad (Allahs Segen und Frieden seien auf ihm). Ein Imam soll daraus das friedliche Zusammenleben und den Dialog lernen und als Vorbild sowie in Predigten vermitteln, den anderen zu achten und zu respektieren.

2.3. Interkulturalität in der Geschichte des Islam

Unter der Herrschaft des Islam lebten viele unterschiedliche Kulturen bzw. Religionen in Frieden und in einer Art von Pluralismus zusammen, die als eine Form der Inter- oder Multikulturalität bezeichnet werden kann. Ein wichtiges Instrument dafür war der interkulturelle und interreligiöse Dialog, der einen wichtigen Stellenwert im Laufe der islamischen Geschichte hat. Im Gegensatz zu den Vertretern eines Kulturkampfes betont der Islam den Kulturdialog, da bereits der Koran (in Koran 49:13) ausdrücklich die göttlich gewollte Unterschiedlichkeit der menschlichen Gemeinschaften (Völker und Stämme) als Grundlage des Kennenlernens hervorhebt.[21]

Trotz der weitverbreiteten Ängste hat der Islam von Anfang an die Rolle des Dialogs erkannt, sodass entsprechende Dialogprogramme oder -aktionen oft von den Kalifen persönlich geleitet oder unterstützt wurden und auch am Hof (manchmal über mehrere Tage) ihren Platz fanden, häufig handelte es sich um offen gehaltene Religionsdiskussionen zwischen den Vertretern unterschiedlichster Weltbilder und Glaubensauffassungen.

Ein Beispiel für das harmonische Zusammenleben findet sich etwa zur Zeit des Propheten, als einige Christen aus Naǧrān* in die Moschee des Propheten kamen und, als ihre Gebetszeit eintraf, dort ihr Gebet verrichten wollten, woran einige Muslime sie zu hindern beabsichtigten. Der Prophet jedoch wies jene Muslime zurück und gestattete den Christen das Verrichten ihres Gebets. Einigen Überlieferungen zufolge zeigte er ihnen sogar die Gebetsrichtung an.[22]

---

* Eine Provinz im südwestlichen Saudi-Arabien.

In der Zeit von ʿUmar b. al-Ḫaṭṭāb, dem 2. Kalifen nach Abū Bakr, hat dieser die Basis für Interkulturalität in der islamischen Gesellschaft geschaffen, wofür sich folgende Beispiele finden lassen:

Die Minderheiten genießen eine Chancengleichheit und haben ungehinderten Zugang zum Arbeitsmarkt; es geht um die Qualität der geleisteten Arbeit, nicht um deren Erbringer. Ein Statthalter des Kalifen ʿUmar hatte etwa einen nicht-muslimischen Schreiber anstatt eines Ṣaḥābis angestellt. Es handelte sich um einen Statthalter, Abū Mūsā al-Ašʿarī, der des Lesens und Schreibens nicht kundig war.[23]

Soziale Gerechtigkeit und sozialer Beistand gelten für alle gleichermaßen. So stand ein älterer jüdischer Mann vor der Moschee und bat die Muslime um Spenden. ʿUmar sagte zu ihm: „Wir haben von dir Steuern eingehoben, als du jung warst, und diese Angelegenheit dann abgeschlossen. Wir schulden dir deine Pension." Er verordnete daraufhin einen monatlichen Betrag aus der muslimischen Kassa.

Schutz und Sicherheit der Minderheiten sind garantiert. ʿUmar b. al-Ḫaṭṭāb garantierte den Christen Jerusalems Schutz und Sicherheit bezüglich „ihres Lebens, ihrer Kirchen und Kreuze. Niemand durfte ihnen Schaden zufügen, noch sie gegen ihren Willen zu einem anderen Glauben zwingen."[24]

2.4. Islam in Europa – Euro-Islam?

„Die persönliche Haltung und das Verhalten von Hunderten Millionen Europäern in unzähligen, kleinen Interaktionen wird darüber bestimmen, ob ihre muslimischen Mitbürger sich in Europa heimisch fühlen können oder nicht. Ebenso natürlich die persönlichen Entscheidungen von Millionen einzelner Muslime – und das Beispiel, das ihre geistigen und politischen Führer geben."[25]

Das Verhältnis zwischen Islam und Europa wird seit einiger Zeit verstärkt diskutiert. Ob populistisch in Wahlkämpfen, wenn rechtsextreme oder rechtspopulistische Parteien ihren Rassismus mit einem Diskurs der Rettung des Abendlandes vor einer drohenden Islamisierung tarnen, oder elaboriert in philosophischen oder islamwissenschaftlichen Debatten um die Vereinbarkeit von Islam und Demokratie und die umstrittene Notwendigkeit einer „Europäisierung" des Islam.

Das oben angeführte Zitat aus einem Beitrag Timothy Garton Ashs (2007) zu einer internationalen Debatte um Islam in Europa, die in einem Band der Edition Suhrkamp mit gleichem Titel dokumentiert ist, mag andeuten, wie komplex Antwortversuche auf die Frage Bassam Tibis (2007), ob der Islam in Europa heimisch werden könne[26], ausfallen müssen.

Andererseits leben mittlerweile Millionen Muslime in Europa, die als Bereicherung der Werte-Debatte, der Religiosität und der Integration von Religion in die Lebenspraxis im Allgemeinen fungieren können. Sie vermögen, Islam und Muslime in Europa zusammenzubringen in einem europäischen Islam. Im gegenwärtigen Europa gewinnt man aber leider allzu oft den Eindruck, als wäre ein „Islam ohne Muslime" bezweckt. Zu oft präsentieren die öffentlich-medialen, die theologischen, akademischen und politischen „Islam-Debatten" selektive Partner, selbsternannte „Islam-Reformer", „Islam-Kritiker" und „Islam-Experten", die keinen oder kaum Bezug zur Theologie und den muslimischen Gemeinden, zur tatsächlichen Lebensrealität der Musliminnen und Muslime in

Europa haben und über ebenso wenig Wirkmächtigkeit in diesen Bereichen verfügen. Auch wenn ihre Kritik bei manchen Punkten nachvollziehbar und richtig sein könnte, geht diese Debatte an den meisten muslimischen Menschen schlichtweg vorbei und hilft bei einer wahren Veränderung oder bei einem Aufklärungsprozess nicht wirklich.

Diese Diskussion kann an dieser Stelle nicht weiter ausgeführt werden. Ihre Erwähnung soll aber andeuten, dass das diese Arbeit leitende Forschungsanliegen in ein riesiges Netz komplexer Fragestellungen eingebunden ist, die europäische WissenschaftlerInnen, PolitikerInnen und BürgerInnen, egal welcher Konfession oder Herkunft, noch intensiv beschäftigen werden und werden müssen.

Auf die Frage *Was also tun?* angesichts des „riesigen, komplexen Geflechts der Wechselbeziehungen zwischen Europa und dem Islam" gibt uns Timothy Garton Ash einen Rat, der die Aufgabe nicht gerade erleichtert: „Die Antwort lautet: Viele verschiedene Dinge an vielen verschiedenen Stellen."[27]

2.5. EXKURS: Beispiel „Europäische Charta der Muslime"

> „Muslims of Europe emphasize their respect for pluralism and the religious and philosophical diversity of the multicultural societies they live in. They believe that Islam affirms the diversity that exists between people and so are not discomforted by the multicultural reality. Rather, Islam calls for members of society to appreciate and enrich one another through their differences."[28]

Artikel 22 der „Europäischen Charta der Muslime" befasst sich mit dem Leben europäischer Muslime in einem pluralistischen Umfeld und schlägt die Affirmation der Differenzen als Weg in die Zukunft vor.

Die Charta, die 25 weitere Artikel umfasst, wurde im Januar 2008 von mehr als 400 muslimischen Vereinigungen aus ganz Europa unterzeichnet. Die Charta fokussiert auf Werte, wie gegenseitiges Verständnis,

Moderation, Frieden und interkulturellen Dialog, und formuliert Prinzipien für eine positive Partizipation des Islam an der Gestaltung der europäischen Gesellschaften.[29]

Die „European Muslim Charter" stellt damit den interessanten Versuch eines breiten Zusammenschlusses der muslimischen Minderheit in Europa dar, Prinzipien für das Leben in der pluralistischen Gesellschaft Europas zu formulieren und damit einen konstruktiven Beitrag zum Fragenkomplex „Islam und Europa" zu leisten.[*]

---

[*] Leider wurde sowohl innerhalb der muslimischen Organisationen und den jeweiligen muslimischen Communities keine aktive Präsenz und Diskussion der Charta angestrebt und folglich eine tiefergehende Auseinandersetzung und Verankerung der Charta auch nicht erreicht.

3. Empirischer Teil – Experteninterviews
3.1. Forschungsdesign und Auswahl der ProbandInnen

Von Beginn des Forschungsvorhabens an war klar, dass die gestellte Forschungsfrage aus mehreren Gründen im Rahmen einer reinen Literaturarbeit nicht angemessen zu beantworten ist:

Zum einen hat eine Recherche zum Thema vorhandener Fachliteratur ergeben, dass die Rolle von Imamen in europäischen Gesellschaften und damit die Möglichkeiten ihres Engagements für interkulturelle Verständigung noch nicht ausreichend systematisch Gegenstand theoretischer Überlegungen ist. Rezente theoretische Debatten zu „Islam in Europa" deuten jedoch darauf hin, dass die Fragestellung an Wichtigkeit gewinnen und sowohl in islamisch-theologische als auch in sozialwissenschaftliche Diskurse vermehrt Einzug halten wird[*].

Basierend auf dieser Annahme versteht sich die vorliegende Bemühung als Vorarbeit zu künftigen Vorhaben in dieser Richtung, als Sammlung von Fragestellungen, die sowohl theorieinduziert als auch praxisgeleitet ist, und als Versuch, zwischen islamisch-theologischen und kultur- und sozialwissenschaftlichen Ansätzen eine Brücke zu schlagen.

Zum anderen zielt die Forschungsabsicht auf eine Verbindung von Theorie und Praxis im Sinne einer Anwendbarkeit auf Kontexte interkultureller Arbeit.

---

[*] Verwiesen sei hier auf zwei Arbeiten in dem Bereich, nämlich Aslan, Ednan/Modler-El Abdaoui/Charkasi, Dana (2015): Islamische Seelsorge. Eine empirische Studie am Beispiel von Österreich. Wiesbaden: Springer Fachmedien; Ceylan, Rauf (2010): Die Prediger des Islam. Imame – wer sie sind und was sie wirklich wollen. Freiburg, Basel, Wien: Herder.

Es war daher naheliegend, neben islamisch-theologischer und kultur- bzw. sozialwissenschaftlicher Fachliteratur und dem Bearbeiten schriftlicher Quellen aus dem Untersuchungsgegenstand auch Befragungen im untersuchten Handlungsfeld zur Datengewinnung durchzuführen.

Auf Basis der in den Kapiteln 1 und 2 dargestellten theoretischen Überlegungen zum Thema wurden Leitfäden für ExpertInneninterviews erstellt, und zwar für folgende drei Gruppen von zu befragenden Personen:

I. VertreterInnen europäischer islamischer Organisationen
Diese Gruppe wurde ausgewählt, weil islamische Organisationen in Europa eine wichtige Rolle in der Gestaltung des religiösen Alltags in Europa lebender Muslime zukommt und daher angenommen wird, dass VertreterInnen jener Organisationen, um ihren Aufgaben und Vorhaben nachzukommen, mit den Fragen interkultureller Verständigung konfrontiert sind bzw. sich dazu positionieren.

II. Imame
Die Perspektive in Europa (und speziell in Österreich) tätiger Imame ist für die zu bearbeitende Fragestellung selbstverständlich zentral.

III. ReligionswissenschaftlerInnen

Die Festlegung auf diese dritte Gruppe von zu befragenden Personen ergibt sich aus dem Bemühen auch nicht-muslimische Perspektiven zur Fragestellung einzuholen, die gleichwohl professionell mit dem Kontext der Forschungsfrage befasst sind.

3.2. Fragebögen

Für die Befragung von RepräsentantInnen der ausgewählten Personengruppen wurden folgende Fragebögen erstellt:

I. VertreterIn einer europäischen islamischen Organisation

Angaben zur Person
- Was sind die Aufgaben und Ziele Ihrer Organisation?
- Was heißt Imam-sein in Europa?
- Welche Aufgaben, Rolle und Herausforderungen sehen Sie für in Europa tätige Imame?
- Wo und wie sollten europäische Imame Ihrer Ansicht nach wissenschaftlich bzw. theologisch ausgebildet werden?
- Was bedeutet Interkulturalität für Sie?
- Islam und Interkulturalität, Islam und Demokratie – sind sie vereinbar?
- Haben Sie selbst Erfahrungen gemacht in einem interreligiösen oder interkulturellen Projekt? Was waren die wichtigsten Erfahrungen dort für Sie?
- Arbeitet Ihre Organisation im Bereich der Interkulturalität? (Bisherige Tätigkeiten, Beispiele, Schwierigkeiten, Pläne für die Zukunft)
- Wie kann ein Imam interkulturelles Bewusstsein vermitteln?
- Verändert sich der Islam als „europäische" Religion – haben Sie Veränderungen festgestellt, welche Veränderungen erwarten Sie oder sollte es sie/oder darf es sie nicht geben? Welche Fragen und Aspekte sind hier aus Ihrer Sicht zentral?
- Gibt es einen speziell europäischen islamischen Diskurs? Und wenn ja, was zeichnet diesen aus?

- Was sind aus Ihrer Sicht wichtige Schritte des Islam in Europa für die Zukunft?

II. Imame

Angaben zur Person
- Seit wann sind Sie als Imam tätig?
- Wo waren/sind Sie als Imam tätig?
- Welche Ausbildung für Ihre Funktion als Imam haben Sie genossen?
- In welcher Sprache predigen Sie?
- Was sind Ihrer Ansicht nach die Aufgaben eines in Europa tätigen Imams?
- Was bedeutet Interkulturalität für Sie? Ist Ihnen Interkulturalität wichtig in der Ausübung Ihrer Tätigkeit?
- Haben Sie selbst Erfahrungen in interreligiösen oder interkulturellen Projekten gemacht? Was waren die wichtigsten Erfahrungen dort für Sie?
- Glauben Sie, dass es zur Aufgabe von Imamen in Europa gehört, interkulturelle Verständigung zu fördern?
- Wenn ja, wie könnte das Ihrer Ansicht nach gelingen?
- Was sollte ein Imam in Europa wissen und können, um seine Aufgabe gut erfüllen zu können? (Welche Ausbildung, aber auch welche Unterstützung durch muslimische Vereinigungen oder staatliche Einrichtungen, Kooperationspartner, Wissenschaften etc. braucht es?)
- Was sind Ihrer Ansicht nach wichtige Schritte für die Zukunft, damit Imame in Europa ihre Aufgaben gut erfüllen können?

III. Religionswissenschaftler

Angaben zur Person
- Was sind Ihre Forschungsschwerpunkte?
- Arbeiten Sie aktuell an einer Frage oder einem Projekt zum Islam in Europa? Was sind aus Ihrer Sicht gegenwärtig die religionswissenschaftlich wichtigsten Fragen dazu?
- Was bedeutet Interkulturalität für Sie?
- Was bedeutet interreligiöser Dialog? Und was könnten seine Ziele sein?
- Islam und Interkulturalität, Islam und Demokratie – sind sie vereinbar?
- Verändert sich der Islam als „europäische" Religion – haben Sie Veränderungen festgestellt, welche Veränderungen erwarten Sie oder sollte es sie /oder darf es sie nicht geben? Welche Fragen und Aspekte sind hier aus Ihrer Sicht zentral?
- Gibt es einen speziell europäischen islamischen Diskurs? Und wenn ja, was zeichnet diesen aus?
- Wie sehen Sie die Rolle von Imamen in europäischen Gesellschaften?
- Glauben Sie, dass Imame in Ihrer Tätigkeit zur interkulturellen Verständigung beitragen können/sollten? Wie könnte das gehen?
- Was sind aus Ihrer Sicht wichtige Schritte des Islam in Europa für die Zukunft?
- Welchen Beitrag zur einer besseren interreligiösen/interkulturellen Verständigung können/sollten aus Ihrer Sicht die christlichen Kirchen leisten?
- Welche Aufgaben/Herausforderungen sehen Sie in diesem Zusammenhang für andere gesellschaftliche Akteure? (Medien, Politik, Bildungseinrichtungen, Kunst...)

- Welchen Beitrag kann die Wissenschaft /Religionswissenschaft zu diesem Thema leisten?

Außerdem wird in allen drei Fragebögen nach dem persönlichen Verständnis von „Interkulturalität" gefragt, um eine Bandbreite des Begriffsverständnisses aus dem Handlungsfeld zu gewinnen, dem die vorliegenden Überlegungen gewidmet sind.

3.3. Reflexion und Ergebnisse

Im weiteren Planungsverlauf hat sich herausgestellt, dass die Durchführung von leitfadengestützten Interviews aus logistischen Gründen im vorhandenen Zeithorizont nicht durchführbar wäre. Die erarbeiteten Fragestellungen wurden daher als Fragebögen zur schriftlichen Beantwortung an die Zielpersonen ausgesandt.

Weiters wurde in diesem Prozess klar, dass das ursprüngliche Vorhaben, mehrere Personen jeder Gruppe zu befragen und diese Befragungen systematisch auszuwerten, den Rahmen der vorliegenden Arbeit sprengen würde und angesichts des zu erwartenden Rücklaufs an Fragebögen scheitern könnte. Auf die Erkenntnis, dass eine für die jeweilige Gruppe repräsentative Datenauswertung mit dem gewählten Forschungsdesign nicht möglich sein würde, folgte die Entscheidung, je Gruppe einen Fragebogen in dieser Arbeit zu verwenden, um mit Hilfe der Antworten der befragten Personen Thesen zur Forschungsausgangsfrage zu generieren.

In den folgenden Kapiteln werden die Ergebnisse der Befragung in die weiteren Ausführungen eingearbeitet und schließlich in 5.4 gemeinsam mit den theoretischen Vorarbeiten zu Thesen und einem Maßnahmenkatalog zusammengefasst, die das Ergebnis der vorliegenden Arbeit bilden und die Grundlage zu weitergehenden Forschungen und Projekten bieten.

4. Imam als Träger und Vermittler interkultureller Kompetenz – zwischen Anspruch und Wirklichkeit

4.1. Imame in Österreich (Imam oder Mufti)

Die Funktionen und Aufgaben des Imams in Österreich sind andere als die Aufgaben eines Imams in mehrheitlich islamischen Ländern. Die Mehrheit der in Österreich tätigen Imame sind türkischer Abstammung, da auch ein großer Teil der in Österreich lebenden Muslime aus der Türkei stammt. Es gibt türkische Traditionen, die weitergeführt werden sollen und die Pflege dieser Traditionen wird so in der Gemeinde Teil der Aufgabe des Imams. Ein Beispiel dafür ist die Lesung des Mawlid (*mawlid* ist: „Lesung eines bestimmten Gedichts in seiner speziellen Form." Ursprünglich wurde *mawlid* gelesen, um in der Geburtsnacht des Propheten Muhammad zu lobpreisen; es „wurde mit der Zeit zu einer Tradition"[30]). Ebenso ist „[d]er Festakt der Namensgebung beim Neugeborenen eine Tradition in der Türkei"[31]; Auch die „Gruppenführung bei der Pilgerfahrt" nach Mekka und ebenso andere Funktionen, die nur Sitten sind, fallen unter diese Aufgaben.

In Österreich haben die Imame auch Aufgaben, die andere religiöse Institutionen in jenen Ländern ausführen, wo Muslime die Mehrheitsgesellschaft bilden. Zum Beispiel die Rolle eines Eheschließers oder eines Koran-Lehrers, der in manchen Ländern wie Marokko *faqīh* genannt wird, oder auch die Betreuung von Gefangenen. Der Imam soll auch in vielen Fällen Mufti (islamischer Rechtsgutachter) sein; in den Ländern, wo es muslimische Mehrheiten gibt, gibt es dagegen *fatwa*-Institutionen und Muftis.

In Österreich gibt es Phänomene und Erscheinungen in den Handlungen und im alltäglichen Leben in der Gesellschaft, mit denen viele Imame an den Schulen oder Universitäten ihrer Ausbildung nicht vertraut gemacht wurden. Auch in den Ländern, in denen sie zuvor als Imame gearbeitet haben, sind ihnen manche Praktiken nie begegnet. Es braucht daher viel Bemühung und noch mehr Wissen (nicht nur theologisches Grundwissen), damit der Imam das Leben der Muslime in Österreich ohne Fanatismus, Missbilligung oder Verfälschung beeinflussen kann. Es ist ein großer Vorteil in Österreich, dass der Islam bereits seit 1912 anerkannt ist. In der islamischen Glaubensgemeinschaft Österreich gibt es und gab es die Position des Muftis. Allerdings gab es bislang nur ein Gutachten[*] (arab. *fatwa*) von ihm, trotz der vielen Fragen und Herausforderungen, die für die Muslime in Österreich bestehen.

Für die religiösen Fragen der Muslime in Österreich und auch für die Aufgabe der Imame würde ein aktives Mufti-Amt vieles erleichtern. Dann hätten die Imame Grundlagen und *fatawa* (Plural von *fatwa*) für die Muslime und könnten eine andere Rolle spielen.

4.2. Rolle und Aufgaben des Imams im Bereich Interkulturalität (Berücksichtigung der Befragungsergebnisse)

Der Imam soll seine Aufgaben lieben und ihre Wichtigkeit kennen. Er soll immer versuchen, sie in bester Weise zu erfüllen. Er soll unter den Menschen sein und die sozialen Kontakte gewinnen und pflegen. Es ist auch wichtig, dass die Gläubigen ihm vertrauen.

Dr. O. S., Imam in Wien, ist der Meinung: „Damit der Imam seine Rolle bzw. seine Aufgaben gut erfüllen kann, soll er erstens das theologische Wissen erwerben und sein Wissen (seine Kenntnisse) mit Erlernen der Kultur des Landes, wo er tätig ist, ergänzen."

---

[*] Zur Frage des Kopftuches vom März 2017.

Dr. Ernst Fürlinger, katholischer Religionswissenschaftler und Universitätsprofessor unter anderem mit dem Schwerpunkt Islam in Österreich, meint zur Rolle der Imame, dass sie mehrheitlich als eine Art Äquivalent zum christlichen Priester betrachtet werden und dementsprechend behandelt. Der unterschiedliche Stellenwert der Imame innerhalb der muslimischen Gemeinden wird dabei übersehen. Die mögliche Funktion als Brückenbauer scheitert aber oft an Sprachproblemen und an einer großen Binnenorientierung der Imame, die zudem überbeschäftigt sind, was ein gemeinsames Merkmal aller Seelsorger ist..

4.3. Die Freitagspredigt zur Verbreitung interkulturellen Bewusstseins

Der Imam hält wöchentlich eine Predigt am Freitag, also insgesamt 52 Freitagspredigten im Jahr, und zusätzlich zwei Festpredigten jährlich. Er soll sich dafür gut vorbreiten und ein Vorbild sein. Allah sagt:

يَا أَيُّهَا الَّذِينَ آمَنُوا لِمَ تَقُولُونَ مَا لَا تَفْعَلُونَ ﴿الصف ٢﴾

„O die ihr glaubt, warum sagt ihr, was ihr nicht tut?" (Koran 61:2)

Dabei sind einige Empfehlungen bzw. Leitlinien zu berücksichtigen[32]:
  a) Die Predigt soll positive Mitteilungen an alle anwesenden Gruppen (unter Berücksichtigung der Altersunterschiede, des Bildungsniveaus etc.) enthalten. Die Leute kommen und brauchen jemanden, der ihnen ihre religiösen Angelegenheiten erklärt und sie in der Bewältigung des Alltags leitet. Unter den Besuchern der Predigt gibt es Personen, die die Moschee nicht regelmäßig besuchen, deshalb soll die Predigt positive Botschaften beinhalten.

b) Die Predigt soll auf die religiösen und allgemeinen Festtage und Ereignisse eingehen.
c) In der Predigt sollen Missachtung oder Schimpfen, sei es von Personen oder Organisationen, vermieden werden. Sie sollte auch keine direkten Rückmeldungen an Parteien oder Personen enthalten.
d) Die Predigt stellt zudem einen wesentlichen Beitrag in der Toleranz- und Friedensbildung dar. Durch ihre Botschaften soll den Besuchern die Interkulturalität nahegelegt und erlebbar gemacht werden.

Ablauf und Beschreibung der Predigt:

Die Freitagspredigt stellt eine Komponente des Freitagsgebets da und ist dementsprechend von den Besuchern zu respektieren, die frühe Anwesenheit ist dabei bevorzugt. Die Betenden sitzen in Reihen gen Mekka gerichtet, mit Blick auf den Imam, der sein Wort an sie richtet. Als Teil des Gebets soll der Predigt aufmerksam zugehört werden und es dürfen von den Besuchern keine nebensächlichen Tätigkeiten, wie Flüstern oder Essen, unternommen werden. Mit der Vielfalt der Muslime und den unterschiedlichen Rechtsschulen und Meinungen findet sich in der Praxis auch eine Vielfalt in der Handhabe des Freitagsgebets und der Predigt.

5. Wege zur Interkulturalität - Ausblick, Thesen und Strategien

5.1. Interreligiöser Dialog

Wird über Dialog der Kulturen oder Interkulturalität gesprochen, ist auch über den interreligiösen Dialog und Interreligiosität zu reden. Besonders dann, wenn an diesem Interkulturalitätsprozess Muslime beteiligt sind, egal, ob als dominierende Kultur oder Minderheit. Denn es gehört zu den Eigenschaften des Islam, dass er die gesamte Lebensweise, den Tag und die Nacht der Gläubigen, bestimmt.

Der interreligiöse Dialog ist in einer pluralistischen Gesellschaft wichtig und fördert den gesellschaftlichen Frieden. Die Imame haben die große Verantwortung, zu diesen Programmen einzuladen bzw. sie zu organisieren. Sie sollen dieses Engagement auch als Gottesdienst verstehen. Gott bat seine Propheten und die Gläubigen im Koran, dazu einzuladen:

قُلْ يَا أَهْلَ الْكِتَابِ تَعَالَوْا إِلَىٰ كَلِمَةٍ سَوَاءٍ بَيْنَنَا وَبَيْنَكُمْ أَلَّا نَعْبُدَ إِلَّا اللَّهَ وَلَا نُشْرِكَ بِهِ شَيْئًا وَلَا يَتَّخِذَ بَعْضُنَا بَعْضًا أَرْبَابًا مِّن دُونِ اللَّهِ ۚ فَإِن تَوَلَّوْا فَقُولُوا اشْهَدُوا بِأَنَّا مُسْلِمُونَ ﴿ال عمران ٦٤﴾

"Sag: O Leute der Schrift, kommt her zu einem zwischen uns und euch gleichen Wort: dass wir niemandem dienen außer Allah und Ihm nichts beigesellen und sich nicht die einen von uns die anderen zu Herren außer Allah nehmen. Doch wenn sie sich abkehren, dann sagt: Bezeugt, dass wir Muslime sind." (Koran 3:64)

Es reicht in diesem Dialog, dass beide Seiten einander kennenlernen, besser verstehen, die Gemeinsamkeiten suchen und sich gegenseitig respektieren. Der Mindeststandard, nach dem man strebt, ist die gegenseitige Anerkennung.

Zum interreligiösen Dialog gehört islamisch betrachtet Aufgeschlossenheit und Toleranz, in dem Bewusstsein der eigenen Fehlbarkeit (Koran 16:125).[33]

وَلَا تُجَادِلُوا أَهْلَ الْكِتَابِ إِلَّا بِالَّتِي هِيَ أَحْسَنُ إِلَّا الَّذِينَ ظَلَمُوا مِنْهُمْ ۖ وَقُولُوا آمَنَّا بِالَّذِي أُنزِلَ إِلَيْنَا وَأُنزِلَ إِلَيْكُمْ وَإِلَٰهُنَا وَإِلَٰهُكُمْ وَاحِدٌ وَنَحْنُ لَهُ مُسْلِمُونَ ﴿العنكبوت ٤٦﴾

„Und streitet mit den Leuten der Schrift nur in bester Weise, außer denjenigen von ihnen, die Unrecht tun. Und sagt: ‚Wir glauben an das, was (als Offenbarung) zu uns herabgesandt worden ist und zu euch herabgesandt worden ist; unser Gott und euer Gott ist Einer, und wir sind Ihm ergeben'." (Koran 29:46)

Der letzte Teil dieses Koranverses ziert im Übrigen auch den sogenannten Marokkanerbrunnen im 3. Wiener Gemeindebezirk, der dort als ein Symbol der interkulturellen wie (aufgrund der religiösen Prägungen der beiden Länder) interreligiösen freundschaftlichen Beziehungen zwischen dem Marokko und Österreich auf Betreiben des marokkanischen Königs 1998 errichtet wurde (siehe Abbildung 8).

Zur notwendigen Haltung im interreligiösen Austausch zwischen der katholischen Seite und den Muslimen, weist Dr. Ernst Fürlinger vor allem darauf hin, dass dieser nur durch eine „Haltung der grundsätzlichen Bejahung des religiös Anderen, und zwar sowohl seiner Person als auch seiner religiösen Tradition" zustandekommen könne. Das Paradigma des Dialogs sei Anerkennung. Wichtig wäre eine bessere Fortbildung der Pfarrer und kirchlichen Mitarbeiter im Bereich des christlich-muslimischen Dialogs und eine Implementierung von Kenntnissen des Islam in die Priester- und Theologenausbildung.

5.2. Maßnahmenkatalog und Thesen

Abschließend sollen aus den Ausführungen sowie den durchgeführten Fragebogeninterviews normative Antworten auf die Forschungsausgangsfragen gesammelt werden, wobei freilich die Geltungsansprüche dieser Antworten in diesem Kontext nicht geprüft werden können. Sie können sowohl den Anlass für weitere Forschungen wie Ideen, Impulse und Anregungen für Projekte in der Praxis bieten. Im Zuge der vorliegenden Arbeit ist klar geworden, dass die eingangs gestellte Forschungsfrage um eine zweite Frage nach begünstigenden Bedingungen, unter denen Imame eine Rolle als Träger oder Vermittler interkultureller Kompetenz ausfüllen können, ergänzt werden muss. Diese Erweiterung soll im Folgenden Berücksichtigung finden.

Faktoren, die einen Beitrag der Imame in Österreich zur interkulturellen Verständigung und zum interkulturellen Bewusstsein der Muslime begünstigen können, sind:

- Eine wissenschaftliche und theologische Ausbildung
- Die Ausbildung sollte eine sozialwissenschaftliche Komponente haben
- Der institutionelle Aufbau der theologischen Ausbildung in Europa soll vorangetrieben werden
- Kenntnis der Kultur des Landes
- Kenntnisse der Sprache und der Gesellschaft
- Fortbildungsangebote
- Die individuelle Überzeugtheit von der Idee der Interkulturalität
- Das Predigtwort
- Abhaltung von Vorträgen
- Direkter Kontakt
- Die Texte des Islam im Kontext verstehen
- Entgegenkommen gegenüber dem europäischen Denken / Finden einer gemeinsamen Sprache
- Klarheit und Sachlichkeit

- Gemeinsame Werte als Ausgangspunkt
- Respektieren der westlichen Denkungsart
- Kooperation aller europäischen Bürger
- Demokratische Partizipation
- Institutionelle Arbeit für Stabilität im Integrationsprozess
- Beschäftigung mit den gemeinsamen Fragen aller Gruppen der Gesellschaft
- Bekämpfung von Rassismus und Islamfeindlichkeit
- Predigten in deutscher Sprache
- Teilnahme am gesellschaftlichen und sozialen Leben
- Teilnahme an interkulturellen und interreligiösen Projekten
- Vermittlung von fachlichem, sachlichem und differenziertem Wissen über den Islam; Abbau stereotyper, reduzierter Bilder des Islam

- kritische Reflexion der Mechanismen und Diskurse eines antimuslimischen Rassismus; Aufklärung darüber mit Hilfe der Einsichten der Kulturwissenschaften

- Politikberatung und Einmischung in die öffentlichen Diskurse, um zu einer Differenzierung und Sachlichkeit beizutragen

- Anerkennung als Paradigma des Dialogs

6. Anhang: Eindrücke aus interreligösen und interkulturellen Begegnungen

Abbildung 1: Interreligiöse Begegnungen in Graz, Pfarre St. Lukas mit Bischof Grettler.

Abbildung 2: Empfang beim Bundespräsidenten Heinz Fischer anlässlich einer Interreligiösen Begegnung.

Abbildung 3 & 4: Interreligiöse Begegnung bei „Or Chadasch", der Jüdischen Liberalen Gemeinde für Wien und Österreich.

Abbildung 5: Eine Führung durch den Stephansdom in Wien.

Abbildung 6: Ein Überblick über das Gemeindeleben in Wien – im Islamischen Zentrum Wien.

Abbildung 7: Ein Workshop für arabische Kalligraphie für muslimische und christliche SchülerInnen.

Abbildung 8: Der Marokkanerbrunnen in der Marokkanergasse.

Abbildung 9: Beispiel für die Multiplikatorenfunktion von Imamen: Eine Vortragsreihe zu Menschenrechten und Demokratie im Islam sowie dem muslimischen Gemeindeleben in Österreich. Polizeischule Salzburg

7. Quellenangaben

[1] Vgl. SCHMIDINGER, Thomas (2008): Islam in Österreich – zwischen Repräsentation und Integration. In: Österreichisches Jahrbuch für Politik 2007. Wien, S. 237; STROBL, Anna (2005): Der österreichische Islam. Entwicklung, Tendenzen und Möglichkeiten. In: SWS-Rundschau 45, 4, S. 522.

[2] STATISTA. Das Statistik-Portal, Statistiken und Studien aus über 22.500 Quellen. Online unter: https://de.statista.com/statistik/daten/studie/312152/umfrage/anzahl-der-muslime-in-oesterreich/ [zugegriffen: 15.12.2018].

[3] Vgl. STROBL, Anna (2005): Der österreichische Islam. Entwicklung, Tendenzen und Möglichkeiten. In: SWS-Rundschau 45, 4, S. 523.

[4] Artikel 3 in: Verfassung der IGGÖ. Online unter: http://www.derislam.at/iggo/quellen/Verfassung/Verfassung%20der%20IGGÖ%20-%20Genehmigt%20am%2026.6.2016.pdf. [zugegriffen: 17.10.2018].

[5] JANDA, Alexander / VOGL, Mathias (Hg.) (2010): Islam in Österreich. Wien: Österreichischer Integrationsfonds, S. 27.

[6] Vgl. KROISSENBRUNNER 2003, S. 145 zit. nach STROBL, Anna (2005): Der österreichische Islam. Entwicklung, Tendenzen und Möglichkeiten. In: SWS-Rundschau 45, 4, S. 525.

[7] SCHMIDINGER, Thomas (2008): Islam in Österreich – zwischen Repräsentation und Integration. In: Österreichisches Jahrbuch für Politik 2007. Wien, S. 245.

[8] Vgl. STROBL, Anna (2005): Der österreichische Islam. Entwicklung, Tendenzen und Möglichkeiten. In: SWS-Rundschau 45, 4, S. 535.

[9] AL-KHIN, Mustafa Said/ AL-YUGHA, Dr. Mustafa et. al. (2007): Erläuterungen zu Riyad as-Salihin von Imam An-Nawawi. Auszüge aus „Nuzhatulmuttaqin – scharh riyadas-salihin". Karlsruhe: al-Nur Verlag, S. 111.

[10] HOFSTEDE 2011, S.4 zit. nach LANG, Rainhart / BALDAUF Nicole (2016): Interkulturelles Managment. Wiesbaden: Springer-Verlag, S. 41.

[11] Kaufmann zit. nach UDEANI, Chibueze C. (2009): Kultur – Interkulturalität!. Einführung, Definitionen, Begrifflichkeit, Kulturwahrnehmung und Kulturbewusstsein. Salzburg. Foliensammlung, o.S.

[12] Bolten zit. nach ebd.

[13] YOUSEFI, Hamid Reza / BRAUN, Ina (2011): Interkulturalität. Eine interdisziplinäre Einführung. Darmstadt: Wissenschaftliche Buchgesellschaft, S. 29.

[14] AL-ʿASQALĀNĪ, b. Ḥaǧar (2006): Fatḥ al-bārī fī šarḥ saḥīḥ al-Buḫārī. (Erklärung zu al-Buḫārīs authentischer Hadithsammlung) (Bd. 8). Kairo: al-Nūr, Hadith Nr. 1249.

[15] B. ISHĀQ (1999): Das Leben des Propheten. Aus dem Arabischen übertragen und bearbeitet von Gernot Rotter. Kandern im Schwarzwald: Spohr Verlag (=Edition Erdmann), S. 111-114.

[16] Ebd.

[17] ZAQZŪQ, Mahmoud (2004): Der Islam und die Fragen des Dialogs. Kairo: Shorouk, S. 167.

[18] AL-ʿASQALĀNĪ, b. Ḥaǧar (2006): Fatḥ al-bārī fī šarḥ saḥīḥ al-Buḫārī. (Erklärung zu al-Buḫārīs authentischer Hadithsammlung) (Bd. 8). Kairo: al-Nūr, Hadith Nr. 3166.

[19] Ebd., Hadith Nr. 64.

[20] IBN ḤANBAL, Musnad al-Imām Aḥmad, Hadith Nr.: 22978.

[21] Vgl. ZAQZŪQ, Mahmoud (2004): Der Islam und die Fragen des Dialogs. Kairo: Shorouk, S. 60.

[22] AL-ĞAŪZĪ, Muḥammad b. al-Qayim (1997): Aḥkām ahl al-Zimma. (Bd. 1). Dammam: Ramādī li al-našr, S. 227.

[23] HAMIDULLAH, Muhammad (1980): Der Islam. Geschichte, Religion, Kultur. Islamabad: Da'wah Academy, S. 227

[24] Vgl. ZAQZŪQ, Mahmoud (2004): Der Islam und die Fragen des Dialogs. Kairo: Shorouk, S.168

[25] ASH, Timothy Garton (2007): Der Islam in Europa. In: Chervel, Thierry/ Seeliger, Anja (Hg.): Islam in Europa. Eine internationale Debatte. Frankfurt am Main: Suhrkamp, S.53.

[26] TIBI, Bassam (2007): Der Euro-Islam als Brücke zwischen Islam und Europa. In: Chervel, Thierry/Seeliger, Anja (Hg.): Islam in Europa. Eine internationale Debatte. Frankfurt am Main: Suhrkamp, S. 188.

[27] ASH, Timothy Garton (2007): Der Islam in Europa. In: Chervel, Thierry/ Seeliger, Anja (Hg.): Islam in Europa. Eine internationale Debatte. Frankfurt am Main: Suhrkamp, S. 48.

[28] European Muslim Charter §22.

[29] Vgl. MAURO, Marion (2008): Speech of Mr. Mario Mauro, Vice President of the European Parliament In: theThe occasion of FIOE conference regarding: CHARTER OF EUROPEAN MUSLIMS. Brüssel. FIOE. Online unter: http://www.euro-muslim.com/En_u_Projects_Details.aspx?News_ID=322 [zugegriffen: 29.06.2010].

[30] CEKIN, Ahmet (2004): Stellung der Imame. Eine vergleichende Rollenanalyse der Imame in der Türkei und Deutschland .Tübingen.Univ.-Diss, S. 190.

[31] Ebd., S.194.

[32] Mosques and Imams in Europe 2010: 17f.
[33] Vgl. ZAQZŪQ, Mahmoud (2004): Der Islam und die Fragen des Dialogs. Kairo: Shorouk, S. 166.
[34] STATISTA. Das Statistik-Portal, Statistiken und Studien aus über 22.500 Quellen. Online unter: https://de.statista.com/statistik/daten/studie/312152/umfrage/anzahl-der-muslime-in-oesterreich/ [zugegriffen: 15.12.2018].
[35] ÖSTERREICHISCHER INTERGRATIONSFONDS. Jahresbericht 2017. Online unter: https://www.integrationsfonds.at/fileadmin/content/AT/Fotos/Publikationen/Jahresbericht_2017.pdf [zugegriffen: 15.12.2018].

8. Literaturverzeichnis

AL-ĞAŪZĪ, Muḥammad b. al-Qayim (1997): Aḥkām ahl al-Zimma. (Bd. 1). Dammam: Ramādī li al-našr, S. 397.

AL-KHIN, Mustafa Said/ AL-YUGHA, Dr. Mustafa et. al. (2007): Erläuterungen zu Riyad as-Salihin von Imam An-Nawawi . Auszüge aus „Nuzhatul-muttaqin – scharh riyadas-salihin". Karlsruhe: al-Nur Verlag.

AL-ʿASQALĀNĪ, b. Ḥağar (2006): Fatḥ al-bārī fī šarḥ saḥiḥ al-Buḫārī. (Erklärung zu al-Buḫārīs authentischer Hadithsammlung) (Bd. 8). Kairo: al-Nūr.

ASH, Timothy Garton (2007): Der Islam in Europa. In: Chervel, Thierry/ Seeliger, Anja (Hg.): Islam in Europa. Eine internationale Debatte. Frankfurt am Main: Suhrkamp, S. . 30-54.

CEKIN, Ahmet (2004): Stellung der Imame. Eine vergleichende Rollenanalyse der Imame in der Türkei und Deutschland .Tübingen.Univ.-Diss.

FEDERATION OF IiSLAMIC ORGANISATIONS IN EUROPE (2008): European Muslim Charter. Brüssel.

Federation of Islamic Organisations in Europe (2010): Al-Masāğid wa al-ʾAʾimma fī Europa. (Moscheen und Imame in Europa). Brüssel.

HAMIDULLAH, Muhammad (1980): Der Islam. Geschichte, Religion, Kultur. Islamabad: Da'wah Academy.

B. ḤANBAL, Musnad al-Imām Aḥmad.

B. ISHĀQ (1999): Das Leben des Propheten. Aus dem Arabischen übertragen und bearbeitet von Gernot Rotter. Kandern im Schwarzwald: Spohr Verlag (=Edition Erdmann).

IBRAHIM, Mohammed (2009): al-Ṣaḥīfa, die Verfassung von Medina. Online unter: http://awis-islamforschung.eu/publikationen/verfassung-von-medina. [zugegriffen: 15.12.2018].

JANDA, Alexander / VOGL, Mathias (Hg.) (2010): Islam in Österreich. Wien: Österreichischer Integrationsfonds.

LANG, Rainhart / BALDAUF Nicole (2016): Interkulturelles Managment. Wiesbaden: Springer-Verlag,

MAURO, Marion (2008): Speech of Mr. Mario Mauro, Vice President of the European Parliament In: theThe occasion of FIOE conference regarding: CHARTER OF EUROPEAN MUSLIMS. Brüssel. FIOE. Online unter: http://www.euro-muslim.com/En_u_Projects_Details.aspx?News_ID=322 [zugegriffen: 29.06.2010].

ÖSTERREICHISCHER INTERGRATIONSFONDS. Jahresbericht 2017. Online unter: https://www.integrationsfonds.at/fileadmin/content/AT/Fotos/Publikationen/Jahresbericht_2017.pdf [zugegriffen: 15.12.2018].

SCHMIDINGER, Thomas (2008): Islam in Österreich – zwischen Repräsentation und Integration. In: Österreichisches Jahrbuch für Politik 2007. Wien, S. . 235-256.

STATISTA. Das Statistik-Portal, Statistiken und Studien aus über 22.500 Quellen. Online unter: https://de.statista.com/statistik/daten/studie/312152/umfrage/anzahl-der-muslime-in-oesterreich/ [zugegriffen: 15.12.2018].

STROBL, Anna (2005): Der österreichische Islam. Entwicklung, Tendenzen und Möglichkeiten. In: SWS-Rundschau 45, 4 (2005), S. 520-543.

TIBI, Bassam (2007): Der Euro-Islam als Brücke zwischen Islam und Europa. In: Chervel, Thierry/Seeliger, Anja (Hg.): Islam in Europa. Eine internationale Debatte. Frankfurt am Main: Suhrkamp.

UDIANI, Chibueze C. (2009): Kultur – Interkulturalität!. Einführung, Definitionen, Begrifflichkeit, Kulturwahrnehmung und Kulturbewusstsein. Salzburg. Foliensammlung.

YOUSEFI, Hamid Reza / BRAUN, Ina (2011): Interkulturalität. Eine interdisziplinäre Einführung. Darmstadt: Wissenschaftliche Buchgesellschaft.

ZAQZŪQ, Mahmoud (2004): Der Islam und die Fragen des Dialogs. Kairo: Shorouk.